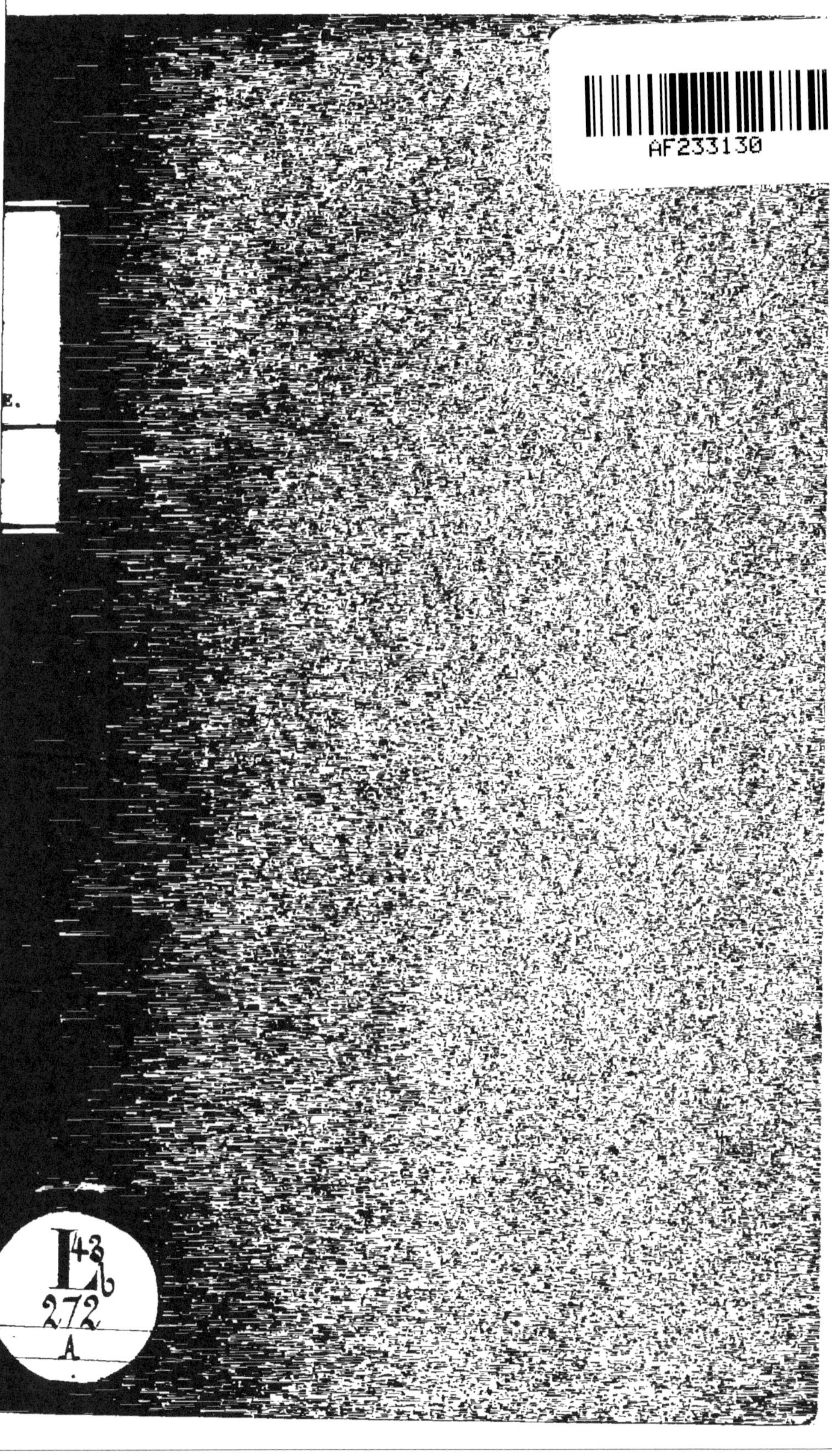
AF233130

L 43
2.72
A

L.b.43 272/A.

EXPOSÉ

DE LA

SITUATION DE LA RÉPUBLIQUE.

Du 25 Nivôse, an XII de la République.

La République a été forcée de changer d'attitude, mais elle n'a point changé de situation : elle conserve toujours, dans le sentiment de sa force, le gage de sa prospérité. Tout était calme dans l'intérieur de la France, lorsqu'au commencement de l'année dernière, nous entretenions encore l'espérance d'une paix durable ; tout est resté calme, depuis qu'une puissance jalouse a rallumé les torches de la guerre : mais, sous cette dernière époque, l'union des intérêts et des sentimens s'est montrée plus pleine et plus entière ; l'esprit public s'est développé avec plus d'énergie.

Dans les nouveaux départemens que le premier Consul a parcourus, il a entendu, comme dans les anciens, les accens d'une indignation vraiment française ; il a reconnu dans leur haine contre un gouvernement ennemi de notre prospérité, mieux encore que dans les élans de la joie publique et d'une affection personnelle, leur attachement à la patrie, leur dévouement à sa destinée.

Dans tous les départemens, les ministres du culte ont usé de l'influence de la religion pour consacrer ce mouvement spontané des esprits. Des dépôts d'armes que des rebelles fugitifs avaient confiées à la terre, pour les reprendre dans un avenir que leur forgeait une coupable prévoyance, ont été révélés au premier signal du danger, et livrés aux magistrats pour en armer nos défenseurs.

Le Gouvernement britannique tentera de jeter, et peut-être il a déjà sur nos côtes, quelques-uns de ces monstres qu'il a nourris pendant la paix, pour déchirer le sol qui les a vus naître ; mais ils n'y retrouveront plus ces bandes impies qui furent les instrumens de leurs premiers crimes ; la terreur les a dissoutes, ou la justice en a purgé nos contrées : ils n'y retrouveront ni cette crédulité dont ils abusèrent, ni ces haines dont ils aiguisèrent les poignards. L'expérience a éclairé tous les esprits ; la sagesse des lois et de l'administration a réconcilié tous les cœurs.

Environnés par-tout de la force publique, par-tout atteints par les tribunaux, ces hommes affreux ne pourront désormais, ni faire des rebelles, ni recommencer impunément leur métier de brigands et d'assassins.

Tout-à-l'heure une misérable tentative a été faite dans la Vendée ; la conscription en était le prétexte :

mais citoyens, prêtres, soldats, tout s'est ébranlé pour la défense commune; ceux qui, dans d'autres temps, furent des moteurs de troubles, sont venus offrir leurs bras à l'autorité publique, et, dans leurs personnes et dans leurs familles, des gages de leur foi et de leur dévouement.

Enfin, ce qui caractérise sur-tout la sécurité des citoyens, le retour des affections sociales, la bienfaisance se déploie tous les jours davantage; de tous côtés on offre des dons à l'infortune, et des fondations à des établissemens utiles.

La guerre n'a point interrompu les pensées de la paix; et le Gouvernement a poursuivi avec constance tout ce qui tend à mettre la Constitution dans les mœurs et dans le tempérament des citoyens, tout ce qui doit attacher à sa durée tous les intérêts et toutes les espérances.

Ainsi, le Sénat a été placé à la hauteur où son institution l'appelait. Une dotation telle que la Constitution l'avait déterminée, l'entoure d'une grandeur imposante.

Le Corps législatif n'apparaîtra plus qu'environné de la majesté que réclament ses fonctions; on ne le cherchera plus vainement hors de ses séances. Un président annuel sera le centre de ses mouvemens, et l'organe de ses pensées et de ses vœux dans ses relations avec le Gouvernement. Ce corps aura enfin cette dignité qui ne pouvait exister avec des formes mobiles et déterminées.

2

Les colléges électoraux se sont tenus par-tout avec ce calme, avec cette sagesse qui garantissent les heureux choix.

La légion d'honneur existe dans les parties supérieures de son organisation, et dans une partie des élémens qui doivent la composer. Ces élémens encore égaux attendent d'un dernier choix leurs fonctions et leurs places. Combien de traits honorables a révélés l'ambition d'y être admis! que de trésors la République aura dans cette institution, pour encourager, pour récompenser les services et les vertus!

Au conseil d'état, une autre institution prépare aux choix du Gouvernement, des hommes pour toutes les branches supérieures de l'administration : des auditeurs s'y forment dans l'atelier des réglemens, et des lois ; ils s'y pénètrent des principes et des maximes de l'ordre public. Toujours environnés de témoins et de juges, souvent sous les yeux du Gouvernement, souvent dans des missions importantes, ils arriveront aux fonctions publiques avec la maturité de l'expérience, et avec la garantie que donnent un caractère, une conduite et des connaissances éprouvés.

Des lycées, des écoles secondaires s'élèvent de tous côtés, et ne s'élèvent pas encore assez rapidement au gré de l'impatience des citoyens. Des réglemens communs, une discipline commune, un

(5)

même système d'instruction, y vont former des
générations qui soutiendront la gloire de la France
par des talens, et ses institutions par des principes
et des vertus.

Un prytanée unique, le prytanée de Saint-Cyr,
reçoit les enfans des citoyens qui sont morts pour
la patrie : déjà l'éducation y respire l'enthousiasme
militaire.

A Fontainebleau, l'école spéciale militaire compte
plusieurs centaines de soldats qu'on ploye à la discipline, qu'on endurcit à la fatigue, qui acquièrent,
avec les habitudes du métier, les connaissances de
l'art.

L'école de Compiègne offre l'aspect d'une vaste
manufacture, où 500 jeunes gens passent de l'étude
dans les ateliers, des ateliers à l'étude. Après quelques mois, ils exécutent, avec la précision de l'in-
telligence, des ouvrages qu'on n'en aurait pas obtenus
après des années d'un vulgaire apprentissage ; et
bientôt le commerce et l'industrie jouiront de leur
travail et des soins du Gouvernement.

Le génie, l'artillerie, n'ont plus qu'une école et
une institution commune.

La médecine est par-tout soumise au nouveau
régime que la loi lui a prescrit. Dans une réforme
salutaire, on a trouvé les moyens de simplifier la
dépense et d'ajouter à l'instruction.

L'exercice de la pharmacie a été mis sous la garde
des lumières et de la probité.

Un réglement a placé entre le maître et l'ouvrier, des juges qui terminent leurs différens avec la célérité qu'exigent leurs intérêts et leurs besoins, et aussi avec l'impartialité que commande la justice.

Le Code civil s'achève; et, dans cette session, pourront être soumis aux délibérations du Corps législatif les derniers projets de lois qui en complètent l'ensemble.

Le Code judiciaire, appelé par tous les vœux, subit en ce moment les discussions qui le conduiront à sa maturité.

Le Code criminel avance; et du Code de commerce, les parties que paraissent réclamer le plus impérieusement les circonstances, sont en état de recevoir le sceau de la loi dans la session prochaine.

De nouveaux chefs-d'œuvre sont venus embellir nos musées; et tandis que le reste de l'Europe envie nos richesses, nos jeunes artistes vont encore, au sein de l'Italie, échauffer leur génie à la vue de ses grands monumens, et respirer l'enthousiasme qui les a enfantés.

Dans le département de Marengo, sous les murs de cette Alexandrie qui sera un des plus puissans boulevarts de la France, s'est formé le premier camp de nos vétérans : là, ils conserveront le souvenir de leurs exploits et l'orgueil de leurs victoires; ils inspireront à leurs nouveaux concitoyens, l'amour et le respect de cette patrie qu'ils ont agrandie, et qui les a récompensés ; ils laisseront dans leurs enfans , des héritiers de leur courage , et de nouveaux défenseurs de cette patrie dont ils recueilleront les bienfaits.

' Dans l'ancien territoire de la République , dans la Belgique , d'antiques fortifications , qui n'étaient plus que d'inutiles monumens des malheurs de nos pères ou des accroissemens progressifs de la France, seront démolies. Les terrains qui avaient été sacrifiés à leur défense, seront rendus à la culture et au commerce ; et , avec les fonds que produiront ces démolitions et ces terrains , seront construites de nouvelles forteresses sur nos nouvelles frontières.

Sous un meilleur système d'adjudication, la taxe d'entretien des routes a pris de nouveaux accroissemens : des fermiers d'une année étaient sans émulation ; des fermiers de portions trop morcelées étaient sans fortune et sans garantie.

Des adjudications triennales , des adjudications de plusieurs barrières à-la-fois , ont appelé des concurrens plus nombreux , plus riches et plus hardis.

Le droit de barrière a produit , en l'an 11 , quinze millions ; dix de plus ont été consacrés dans la même année à l'entretien et au perfectionnement des routes.

Les routes anciennes ont été entretenues et réparées ; des routes ont été liées à d'autres routes par des constructions nouvelles. Dès cette année, les voitures franchissent le Simplon et le Mont-Cenis.

4

On rétablit, au pont de Tours, trois arches écroulées.

De nouveaux ponts sont en construction à Corbeil, à Roanne, à Nemours, sur l'Isère, sur le Roubion, sur la Durance, sur le Rhin.

Avignon et Villeneuve communiqueront par un pont entrepris par une association particulière.

Trois ponts avaient été commencés, à Paris, avec des fonds que des citoyens avaient fournis : deux ont été achevés en partie avec les fonds publics ; et les droits qui s'y perçoivent, assurent, dans un nombre déterminé d'années, l'intérêt et le remboursement des avances.

Un troisième, le plus intéressant de tous (celui du Jardin des Plantes), est en construction et sera bientôt terminé. Il dégagera l'intérieur de Paris d'une circulation embarrassante, se liera avec une place superbe, depuis long-temps décrétée, qu'embelliront des plantations et les eaux de la rivière d'Ourcq, et sur laquelle aboutiront, en ligne droite, la rue Saint-Antoine et celle de son faubourg.

Le pont seul formera l'objet d'une dépense que couvriront rapidement les droits qui y seront perçus, La place et tous ses accessoires ne coûteront à l'État que l'emplacement et les ruines sur lesquelles elle doit s'élever.

Les travaux du canal de Saint-Quentin s'opèrent sur quatre points à-la-fois. Déjà une galerie souterraine est percée dans une étendue de mille mètres ;

deux écluses sont terminées, huit autres s'avancent, d'autres sortent des fondations ; et cette vaste entreprise offrira, dans quelques années, une navigation complète.

Les canaux d'Arles, d'Aigues-mortes, de la Saone et de l'Yonne ; celui qui unira le Rhône au Rhin ; celui qui, par le Blavet, doit porter la navigation au centre de l'ancienne Bretagne, sont tous commencés ; et tous seront achevés dans un temps proportionné aux travaux qu'ils exigent.

Le canal qui doit joindre l'Escaut, la Meuse et le Rhin, n'est déjà plus dans la seule pensée du Gouvernement : des reconnaissances ont été faites sur le terrain ; des fonds sont déjà prévus pour l'exécution d'une entreprise qui nous ouvrira l'Allemagne, et rendra à notre commerce et à notre industrie, des parties de notre propre territoire que leur situation livrait à l'industrie et au commerce des étrangers.

La jonction de la Rance à la Vilaine unira la Manche à l'Océan, portera la prospérité et la civilisation dans des contrées où languissent l'agriculture et les arts, où les mœurs agrestes sont encore étrangères à nos mœurs. Dès cette année, des sommes considérables ont été affectées à cette opération.

Le desséchement des marais de Rochefort, souvent tenté, souvent abandonné, s'exécute avec constance. Un million sera destiné cette année à porter la salubrité dans ce port, qui dévorait nos marins et ses habitans. La culture et les hommes s'étendront sur des terrains voués depuis long-temps aux maladies et à la dépopulation.

Au sein du Cotentin, un desséchement non moins important, dont le projet est fait, dont la dépense largement calculée sera nécessairement remboursée par le résultat de l'opération, transformera en riches pâturages, d'autres marais d'une vaste étendue, qui ne sont aujourd'hui qu'un foyer de contagion toujours renaissant.

Les fonds nécessaires à cette entreprise sont portés dans le budget de l'an 12. En même temps un pont sur la Vire liera le département de la Manche au département du Calvados, supprimera un passage toujours dangereux et souvent funeste, et abrégera de quelques myriamètres la route qui conduit de Paris à Cherbourg.

Sur un autre point du département de la Manche, un canal est projeté, qui portera le sable de la mer et la fécondité dans une contrée stérile, et donnera aux constructions civiles et à la marine, des bois qui périssent sans emploi à quelques myriamètres du rivage.

Sur tous les canaux, sur toutes les côtes de la Belgique, les digues minées par le temps, attaquées par la mer, se réparent, s'étendent et se fortifient.

La jetée et le bassin d'Ostende sont garantis

des progrès de la dégradation ; un pont ouvrira une communication importante à la ville, et l'agriculture s'enrichira d'un terrain précieux, reconquis sur la mer.

Anvers a vu arrêter tout-à-coup un port militaire, un arsenal, et des vaisseaux de guerre sur le chantier. Deux millions assignés sur la vente des domaines nationaux situés dans les départemens de l'Escaut et des Deux-Nèthes, sont consacrés à la restauration et à l'agrandissement de son ancien port. Sur la foi de ce gage, le commerce fait des avances, les travaux sont commencés, et dans l'année prochaine ils seront conduits à leur perfection.

A Boulogne, au Havre, sur toute cette côte que nos ennemis appellent désormais *une côte de fer*, de grands ouvrages s'exécutent ou s'achèvent.

La digue de Cherbourg, long-temps abandonnée, long-temps l'objet de l'incertitude et du doute, sort enfin du sein des eaux ; et déjà elle est un écueil pour nos ennemis, et une protection pour nos navigateurs. A l'abri de cette digue, au fond d'une rade immense, un port se creuse, où, dans quelques années, la République aura ses arsenaux et des flottes.

A la Rochelle, à Cette, à Marseille, à Nice, on répare avec des fonds assurés les ravages de l'insouciance et du temps. C'est sur-tout dans nos villes maritimes, où la stagnation du commerce a multiplié les malheurs et les besoins, que la prévoyance du Gouvernement s'est attachée à créer des ressources dans des travaux utiles ou nécessaires.

La navigation intérieure périssait par l'oubli des principes et des règles; elle est désormais soumise à un régime tutélaire et conservateur. Un droit est consacré à son entretien, aux travaux qu'elle exige, aux améliorations que l'intérêt public appelle: placée sous la surveillance des préfets, elle a encore dans les chambres de commerce, des gardiens utiles, des témoins et des censeurs de la comptabilité des fonds qu'elle produit; enfin des hommes éclairés qui discutent les projets formés pour la conserver ou pour l'étendre.

Le droit de pêche dans les rivières navigables, est redevenu ce qu'il dut toujours être, une propriété publique. Il est confié à la garde de l'administration forestière; et des adjudications triennales lui donnent, dans des fermiers, des conservateurs encore plus actifs, parce qu'ils sont plus intéressés.

L'année dernière a été une année prospère pour nos finances; les régies ont heureusement trompé les calculs qui en avaient d'avance déterminé les produits. Les contributions directes ont été perçues avec plus d'aisance. Les opérations qui doivent établir les rapports de la contribution foncière, de département à département, marchent avec rapidité. La répartition deviendra invariable; on ne verra plus cette lutte d'intérêts différens qui corrompait la justice publique, et cette rivalité jalouse qui menaçait l'industrie et la prospérité de tous les départemens.

Des préfets, des conseils généraux, ont demandé que la même opération s'étendît à toutes les communes de leur département, pour déterminer entre elles les bases d'une répartition proportionnelle. Un arrêté du Gouvernement a autorisé ce travail général, devenu plus simple, plus économique par le succès du travail partiel. Ainsi, dans quelques années, toutes les communes de la République auront chacune, dans une carte particulière, le plan de leur territoire, les divisions, les rapports des propriétés qui le composent; et les conseils généraux, et les conseils d'arrondissement, trouveront, dans la réunion de tous ces plans, les élémens d'une répartition juste dans ses bases et perpétuelle dans ses proportions.

La caisse d'amortissement remplit avec constance, avec fidélité, sa destination. Déjà propriétaire d'une partie de la dette publique, chaque jour elle accroît un trésor qui garantit à l'État une prompte libération : une comptabilité sévère, une fidélité inviolable, ont mérité aux administrateurs la confiance du Gouvernement, et leur assurent l'intérêt des citoyens.

La refonte des monnaies s'exécute sans mouvement, sans secousse : elle était un fléau quand les principes étaient méconnus; elle est devenue l'opération la plus simple, depuis que la foi publique et les règles du bon sens en ont fixé les conditions.

Au trésor, le crédit public s'est soutenu au milieu des secousses de la guerre et des rumeurs intéressées.

Le trésor public fournissait aux dépenses des colonies, soit par des envois directs de fonds, soit par des opérations sur le continent de l'Amérique. Les administrateurs pouvaient, si les fonds étaient insuffisans, s'en procurer par des traites sur le trésor public, mais avec des formes prescrites et dans une mesure déterminée.

Tout-à-coup une masse de traites (quarante-deux millions) a été créée à Saint-Domingue, sans l'aveu du Gouvernement, sans proportion avec les besoins actuels, sans proportion avec les besoins à venir.

Des hommes sans caractère les ont colportées à la Havane, à la Jamaïque, aux États-Unis : elles y ont été par-tout exposées sur les places à de honteux rabais; livrées à des hommes qui n'avaient versé ni argent ni marchandises, ou qui ne devaient en fournir la valeur que quand le paiement en aurait été effectué au trésor public. De là un avilissement scandaleux en Amérique, et un agiotage plus scandaleux en Europe.

C'était pour le Gouvernement un devoir rigoureux d'arrêter le cours de cette imprudente mesure, de sauver à la nation les pertes dont elle était menacée, de racheter sur-tout son crédit par une juste sévérité.

(15)

Un agent du trésor public a été envoyé à Saint-Domingue, chargé de vérifier les journaux et la caisse du payeur général; de constater combien de traites avaient été créées, par quelle autorité et sous quelle forme, combien avaient été négociées, et à quelles conditions; si pour des versemens réels, si sans versemens effectifs, si pour éteindre une dette légitime, si pour des marchés simulés.

Onze millions de traites qui n'étaient pas encore en circulation, ont été annullés. Des renseignemens ont été obtenus sur les autres.

Les traites dont la valeur intégrale a été reçue, ont été acquittées avec les intérêts du jour de l'échéance au jour du paiement : celles qui ont été livrées sans valeur effective, sont arguées de faux, puisque les lettres de change portent *pour argent versé*, quoique le procès-verbal de paiement constate qu'il n'a rien été versé; et elles seront soumises à un sévère examen. Ainsi le Gouvernement satisfera à la justice qu'il doit aux créanciers légitimes, et à celle qu'il doit à la nation, dont il est chargé de défendre les droits.

La paix était dans les vœux comme dans l'intérêt du Gouvernement. Il l'avait voulue au milieu des chances encore incertaines de la guerre; il l'avait voulue au milieu des victoires. C'est à la prospérité de la République qu'il avait désormais attaché toute sa gloire. Au-dedans il réveillait l'industrie, il encourageait les arts; il entreprenait ou des travaux utiles, ou des monumens de grandeur nationale. Nos vaisseaux étaient dispersés sur toutes les mers, et tranquilles sur la foi des traités.

Ils n'étaient employés qu'à rendre nos colonies à la France et au bonheur; aucun armement dans nos ports, rien de menaçant sur nos frontières.

Et c'est là le moment que choisit le Gouvernement britannique pour alarmer sa nation, pour couvrir la Manche de vaisseaux, pour insulter notre commerce par des visites injurieuses; nos côtes et nos ports, les côtes et les ports de nos alliés, par la présence de forces menaçantes.

Si, au 17 ventôse de l'an 11, il existait aucun armement imposant dans les ports de France et de Hollande, s'il s'y exécutait un seul mouvement auquel la défiance la plus ombrageuse pût donner une interprétation sinistre, nous sommes les agresseurs; le message du roi d'Angleterre et son attitude hostile ont été commandés par une légitime prévoyance, et le peuple anglais a dû croire que nous menacions *son indépendance*, sa religion, sa constitution.

Mais si les assertions du message étaient fausses, si elles étaient démenties par la conscience de l'Europe, comme par la conscience du Gouvernement britannique, ce Gouvernement a trompé sa nation; il l'a trompée pour la précipiter sans délibération dans une guerre dont les terribles effets commencent à se faire sentir en Angleterre, et dont les résultats peuvent être si décisifs pour les destinées futures du peuple anglais.

Toutefois l'agresseur doit seul répondre des calamités qui pèsent sur l'humanité.

Malte, le motif de cette guerre, était au pouvoir des Anglais : c'eût été à la France d'armer pour en assurer l'indépendance; et c'est la France qui attend en silence la justice de l'Angleterre, et c'est l'Angleterre qui commence la guerre et qui la commence sans la déclarer.

Dans la dispersion de nos vaisseaux, dans la sécurité de notre commerce, nos pertes devaient être immenses. Nous les avions prévues, et nous les eussions supportées sans découragement et sans faiblesse : heureusement elles ont été au-dessous de notre attente. Nos vaisseaux de guerre sont rentrés dans les ports de l'Europe; un seul, qui depuis long-temps était condamné à n'être plus qu'un vaisseau de transport, est tombé au pouvoir de l'ennemi.

De deux cents millions que les croiseurs anglais pouvaient ravir à notre commerce, plus des deux tiers ont été sauvés : nos corsaires ont vengé nos pertes par des prises importantes, et les vengeront par de plus importantes encore.

Tabago, Sainte-Lucie, étaient sans défense, et n'ont pu que se rendre aux premières forces qui s'y sont présentées; mais nos grandes colonies nous

restent, et les attaques que les ennemis ont hasar-
dées contre elles, ont été vaines.

L'Hanovre est en notre pouvoir. Vingt-cinq mille
hommes des meilleures troupes ennemies ont posé
les armes, et sont restés prisonniers de guerre.
Notre cavalerie s'est remontée aux dépens de la
cavalerie ennemie ; et une possession chère au roi
d'Angleterre, est, entre nos mains, le gage de la
justice qu'il sera forcé de nous rendre.

Chaque jour le despotisme britannique ajoute à
ses usurpations sur les mers. Dans la dernière guerre,
il avait épouvanté les neutres, en s'arrogeant, par
une prétention inique et révoltante, le droit de
déclarer des côtes entières en état de blocus. Dans
cette guerre, il vient d'augmenter son code mons-
trueux, du prétendu droit de *bloquer des rivières,
des fleuves.*

Si le roi d'Angleterre a juré de continuer la
guerre jusqu'à ce qu'il ait réduit la France à ces
traités déshonorans que souscrivirent autrefois le
malheur et la faiblesse, la guerre sera longue. La
France a consenti dans Amiens à des conditions
modérées ; elle n'en reconnaîtra jamais de moins
favorables ; elle ne reconnaîtra sur-tout jamais, dans
le Gouvernement britannique, le droit de ne rem-
plir de ses engagemens que ce qui convient aux
calculs progressifs de son ambition, le droit d'exiger
encore d'autres garanties après la garantie de la
foi donnée. Eh! si le traité d'Amiens n'est point

exécuté, où seront, pour un traité nouveau, une foi plus sainte et des sermens plus sacrés!

La Louisiane est désormais associée à l'indépendance des États-Unis d'Amérique. Nous conservons là des amis, que le souvenir d'une commune origine attachera toujours à nos intérêts, et que des relations favorables de commerce uniront long-temps à notre prospérité.

Les États-Unis doivent à la France leur indépendance ; ils nous devront désormais leur affermissement et leur grandeur.

L'Espagne reste neutre.

L'Helvétie est rassise sur ses fondemens, et sa constitution n'a subi que les changemens que la marche du temps et des opinions lui a commandés. La retraite de nos troupes atteste la sécurité intérieure et la fin de toutes ses divisions. Les anciennes capitulations ont été renouvelées ; et la France a retrouvé ses premiers et ses plus fidèles alliés.

Le calme règne dans l'Italie ; une division de l'armée de la République italienne traverse en ce moment la France pour aller camper avec les nôtres sur les Côtes de l'Océan. Ces bataillons y trouveront partout des vestiges de la patience, de la bravoure et des grandes actions de leurs ancêtres.

L'empire Ottoman, travaillé par des intrigues souterraines, aura, dans l'intérêt de la France, l'appui que d'antiques liaisons, un traité récent et sa position géographique , lui donnent droit de réclamer.

La tranquillité , rendue au continent par le traité de Lunéville , est assurée par les derniers actes de la diète de Ratisbonne. L'intérêt éclairé des grandes puissances , la fidélité du Gouvernement à cultiver avec elles les relations de bienveillance et d'amitié , la justice , l'énergie de la nation , et les forces de la République , en répondent.

Le premier Consul, signé BONAPARTE. Par le premier Consul le secrétaire d'état, signé HUGUES B. MARET.

À PARIS, DE L'IMPRIMERIE DE LA RÉPUBLIQUE.
Nivôse an XII.

www.ingramcontent.com/pod-product-compliance
Lightning Source LLC
LaVergne TN
LVHW050331030726
842520LV00005B/1877